I0008566

©Palinco Publications. All right reserved. No part of this publication may be reproduced, distributed, or transmitted in any form or by any means, including photocopying, recording, or other electronic or mechanical methods, without prior written permission of the publisher, except in the case of brief quotations, embodied in critical reviews and certain other non-commercial uses permitted by copyright law.

This Password Journal belongs to

Name:

Phone Number:

If found, please return to:

Address:

Website url: _____

Password: _____

Comment: _____

Website url: _____

Password: _____

Comment: _____

Website url: _____

Password: _____

Comment: _____

Website url: _____

Password: _____

Comment: _____

Website url: _____

Password: _____

Comment: _____

Website url: _____

Password: _____

Comment: _____

Website url: _____

Password: _____

Comment: _____

Website url: _____

Password: _____

Comment: _·_·_·_·_·_·_·_·_·_·_·_·_·_·_·_·_·_·_·_·_

Website url: _____

Password: _____

Comment: _·_·_·_·_·_·_·_·_·_·_·_·_·_·_·_·_·_·_·_·_

Website url: _____

Password: _____

Comment: _·_·_·_·_·_·_·_·_·_·_·_·_·_·_·_·_·_·_·_·_

Website url: _____

Password: _____

Comment: _·_·_·_·_·_·_·_·_·_·_·_·_·_·_·_·_·_·_·_·_

Website url: _____

Password: _____

Comment: _·_·_·_·_·_·_·_·_·_·_·_·_·_·_·_·_·_·_·_·_

Website url: _____

Password: _____

Comment: _·_·_·_·_·_·_·_·_·_·_·_·_·_·_·_·_·_·_·_·_

Website url: _____

Password: _____

Comment: _·_·_·_·_·_·_·_·_·_·_·_·_·_·_·_·_·_·_·_·_

Website url: _____

Password: _____

Comment: _____

Website url: _____

Password: _____

Comment: _____

Website url: _____

Password: _____

Comment: _____

Website url: _____

Password: _____

Comment: _____

Website url: _____

Password: _____

Comment: _____

Website url: _____

Password: _____

Comment: _____

Website url: _____

Password: _____

Comment: _____

Website url: _____

Password: _____

Comment: _____

Website url: _____

Password: _____

Comment: _____

Website url: _____

Password: _____

Comment: _____

Website url: _____

Password: _____

Comment: _____

Website url: _____

Password: _____

Comment: _____

Website url: _____

Password: _____

Comment: _____

Website url: _____

Password: _____

Comment: _____

Website url:

Password:

Comment:

Website url:

Password:

Comment:

Website url:

Password:

Comment:

Website url:

Password:

Comment:

Website url:

Password:

Comment:

Website url:

Password:

Comment:

Website url:

Password:

Comment:

Website url: _____

Password: _____

Comment: _____

Website url: _____

Password: _____

Comment: _____

Website url: _____

Password: _____

Comment: _____

Website url: _____

Password: _____

Comment: _____

Website url: _____

Password: _____

Comment: _____

Website url: _____

Password: _____

Comment: _____

Website url: _____

Password: _____

Comment: _____

Website url: _____

Password: _____

Comment: _____

Website url: _____

Password: _____

Comment: _____

Website url: _____

Password: _____

Comment: _____

Website url: _____

Password: _____

Comment: _____

Website url: _____

Password: _____

Comment: _____

Website url: _____

Password: _____

Comment: _____

Website url: _____

Password: _____

Comment: _____

Website url:

Password:

Comment:

Website url:

Password:

Comment:

Website url:

Password:

Comment:

Website url:

Password:

Comment:

Website url:

Password:

Comment:

Website url:

Password:

Comment:

Website url:

Password:

Comment:

Website url: _____

Password: _____

Comment: _____

Website url: _____

Password: _____

Comment: _____

Website url: _____

Password: _____

Comment: _____

Website url: _____

Password: _____

Comment: _____

Website url: _____

Password: _____

Comment: _____

Website url: _____

Password: _____

Comment: _____

Website url: _____

Password: _____

Comment: _____

Website url: _____

Password: _____

Comment: _____

Website url: _____

Password: _____

Comment: _____

Website url: _____

Password: _____

Comment: _____

Website url: _____

Password: _____

Comment: _____

Website url: _____

Password: _____

Comment: _____

Website url: _____

Password: _____

Comment: _____

Website url: _____

Password: _____

Comment: _____

Website url: _____

Password: _____

Comment: _____

Website url: _____

Password: _____

Comment: _____

Website url: _____

Password: _____

Comment: _____

Website url: _____

Password: _____

Comment: _____

Website url: _____

Password: _____

Comment: _____

Website url: _____

Password: _____

Comment: _____

Website url: _____

Password: _____

Comment: _____

Website url: _____

Password: _____

Comment: _ _ _ _ _ _ _ _ _ _ _ _ _ _ _

Website url: _____

Password: _____

Comment: _ _ _ _ _ _ _ _ _ _ _ _ _ _ _

Website url: _____

Password: _____

Comment: _ _ _ _ _ _ _ _ _ _ _ _ _ _ _

Website url: _____

Password: _____

Comment: _ _ _ _ _ _ _ _ _ _ _ _ _ _ _

Website url: _____

Password: _____

Comment: _ _ _ _ _ _ _ _ _ _ _ _ _ _ _

Website url: _____

Password: _____

Comment: _ _ _ _ _ _ _ _ _ _ _ _ _ _ _

Website url: _____

Password: _____

Comment: _ _ _ _ _ _ _ _ _ _ _ _ _ _ _

Website url: _____

Password: _____

Comment: _____

Website url: _____

Password: _____

Comment: _____

Website url: _____

Password: _____

Comment: _____

Website url: _____

Password: _____

Comment: _____

Website url: _____

Password: _____

Comment: _____

Website url: _____

Password: _____

Comment: _____

Website url: _____

Password: _____

Comment: _____

Website url: _____

Password: _____

Comment: _____

Website url: _____

Password: _____

Comment: _____

Website url: _____

Password: _____

Comment: _____

Website url: _____

Password: _____

Comment: _____

Website url: _____

Password: _____

Comment: _____

Website url: _____

Password: _____

Comment: _____

Website url: _____

Password: _____

Comment: _____

Website url: _____

Password: _____

Comment: _____

Website url: _____

Password: _____

Comment: _____

Website url: _____

Password: _____

Comment: _____

Website url: _____

Password: _____

Comment: _____

Website url: _____

Password: _____

Comment: _____

Website url: _____

Password: _____

Comment: _____

Website url: _____

Password: _____

Comment: _____

Website url: _____

Password: _____

Comment: _____

Website url: _____

Password: _____

Comment: _____

Website url: _____

Password: _____

Comment: _____

Website url: _____

Password: _____

Comment: _____

Website url: _____

Password: _____

Comment: _____

Website url: _____

Password: _____

Comment: _____

Website url: _____

Password: _____

Comment: _____

Website url: _____

Password: _____

Comment: _____

Website url: _____

Password: _____

Comment: _____

Website url: _____

Password: _____

Comment: _____

Website url: _____

Password: _____

Comment: _____

Website url: _____

Password: _____

Comment: _____

Website url: _____

Password: _____

Comment: _____

Website url: _____

Password: _____

Comment: _____

Website url: _____

Password: _____

Comment: _____

Website url: _____

Password: _____

Comment: _____

Website url: _____

Password: _____

Comment: _____

Website url: _____

Password: _____

Comment: _____

Website url: _____

Password: _____

Comment: _____

Website url: _____

Password: _____

Comment: _____

Website url: _____

Password: _____

Comment: _____

Website url: _____

Password: _____

Comment: _____

Website url: _____

Password: _____

Comment: _____

Website url: _____

Password: _____

Comment: _____

Website url: _____

Password: _____

Comment: _____

Website url: _____

Password: _____

Comment: _____

Website url: _____

Password: _____

Comment: _____

Website url: _____

Password: _____

Comment: _____

Website url: _____

Password: _____

Comment: _____

Website url: _____

Password: _____

Comment: _____

Website url: _____

Password: _____

Comment: _____

Website url: _____

Password: _____

Comment: _____

Website url: _____

Password: _____

Comment: _____

Website url: _____

Password: _____

Comment: _____

Website url: _____

Password: _____

Comment: _____

Website url: _____

Password: _____

Comment: _____

Website url: _____

Password: _____

Comment: _____

Website url: _____

Password: _____

Comment: _____

Website url: _____

Password: _____

Comment: _____

Website url: _____

Password: _____

Comment: _____

Website url: _____

Password: _____

Comment: _____

Website url: _____

Password: _____

Comment: _____

Website url: _____

Password: _____

Comment: _____

Website url: _____

Password: _____

Comment: _____

Website url: _____

Password: _____

Comment: _____

Website url: _____

Password: _____

Comment: _____

Website url: _____

Password: _____

Comment: _____

Website url: _____

Password: _____

Comment: _____

Website url: _____

Password: _____

Comment: _____

Website url: _____

Password: _____

Comment: _____

Website url: _____

Password: _____

Comment: _____

Website url: _____

Password: _____

Comment: _____

Website url: _____

Password: _____

Comment: _____

Website url: _____

Password: _____

Comment: _____

Website url: _____

Password: _____

Comment: _____

Website url: _____

Password: _____

Comment: _____

Website url: _____

Password: _____

Comment: _____

Website url: _____

Password: _____

Comment: _____

Website url: _____

Password: _____

Comment: _____

Website url: _____

Password: _____

Comment: _____

Website url: _____

Password: _____

Comment: _____

Website url: _____

Password: _____

Comment: _____

Website url: _____

Password: _____

Comment: _____

Website url: _____

Password: _____

Comment: _____

Website url: _____

Password: _____

Comment: _____

Website url: _____

Password: _____

Comment: _____

Website url: _____

Password: _____

Comment: _____

Website url: _____

Password: _____

Comment: _____

Website url: _____

Password: _____

Comment: _____

Website url: _____

Password: _____

Comment: _____

Website url: _____

Password: _____

Comment: _____

Website url: _____

Password: _____

Comment: _____

Website url: _____

Password: _____

Comment: _____

Website url: _____

Password: _____

Comment: _____

Website url: _____

Password: _____

Comment: _____

Website url: _____

Password: _____

Comment: _____

Website url: _____

Password: _____

Comment: _____

Website url: _____

Password: _____

Comment: _____

Website url: _____

Password: _____

Comment: _____

Website url: _____

Password: _____

Comment: _____

Website url: _____

Password: _____

Comment: _____

Website url: _____

Password: _____

Comment: _____

Website url: _____

Password: _____

Comment: _____

Website url: _____

Password: _____

Comment: _____

Website url: _____

Password: _____

Comment: _____

Website url: _____

Password: _____

Comment: _____

Website url: _____

Password: _____

Comment: _____

Website url: _____

Password: _____

Comment: _____

Website url: _____

Password: _____

Comment: _____

Website url: _____

Password: _____

Comment: _____

Website url:

Password:

Comment:

Website url:

Password:

Comment:

Website url:

Password:

Comment:

Website url:

Password:

Comment:

Website url:

Password:

Comment:

Website url:

Password:

Comment:

Website url:

Password:

Comment:

Website url: _____

Password: _____

Comment: _____

Website url: _____

Password: _____

Comment: _____

Website url: _____

Password: _____

Comment: _____

Website url: _____

Password: _____

Comment: _____

Website url: _____

Password: _____

Comment: _____

Website url: _____

Password: _____

Comment: _____

Website url: _____

Password: _____

Comment: _____

Website url:

Password:

Comment:

Website url:

Password:

Comment:

Website url:

Password:

Comment:

Website url:

Password:

Comment:

Website url:

Password:

Comment:

Website url:

Password:

Comment:

Website url:

Password:

Comment:

Website url: _____

Password: _____

Comment: _____

Website url: _____

Password: _____

Comment: _____

Website url: _____

Password: _____

Comment: _____

Website url: _____

Password: _____

Comment: _____

Website url: _____

Password: _____

Comment: _____

Website url: _____

Password: _____

Comment: _____

Website url: _____

Password: _____

Comment: _____

Website url: _____

Password: _____

Comment: _____

Website url: _____

Password: _____

Comment: _____

Website url: _____

Password: _____

Comment: _____

Website url: _____

Password: _____

Comment: _____

Website url: _____

Password: _____

Comment: _____

Website url: _____

Password: _____

Comment: _____

Website url: _____

Password: _____

Comment: _____

Website url: _____

Password: _____

Comment: _____

Website url: _____

Password: _____

Comment: _____

Website url: _____

Password: _____

Comment: _____

Website url: _____

Password: _____

Comment: _____

Website url: _____

Password: _____

Comment: _____

Website url: _____

Password: _____

Comment: _____

Website url: _____

Password: _____

Comment: _____

Website url: _____

Password: _____

Comment: _____

Website url: _____

Password: _____

Comment: _____

Website url: _____

Password: _____

Comment: _____

Website url: _____

Password: _____

Comment: _____

Website url: _____

Password: _____

Comment: _____

Website url: _____

Password: _____

Comment: _____

Website url: _____

Password: _____

Comment: _____

Website url: _____

Password: _____

Comment: _____

Website url: _____

Password: _____

Comment: _____

Website url: _____

Password: _____

Comment: _____

Website url: _____

Password: _____

Comment: _____

Website url: _____

Password: _____

Comment: _____

Website url: _____

Password: _____

Comment: _____

Website url: _____

Password: _____

Comment: _____

Website url: _____

Password: _____

Comment: _____

Website url: _____

Password: _____

Comment: _____

Website url: _____

Password: _____

Comment: _____

Website url: _____

Password: _____

Comment: _____

Website url: _____

Password: _____

Comment: _____

Website url: _____

Password: _____

Comment: _____

Website url: _____

Password: _____

Comment: _____

Website url:

Password:

Comment:

Website url:

Password:

Comment:

Website url:

Password:

Comment:

Website url:

Password:

Comment:

Website url:

Password:

Comment:

Website url:

Password:

Comment:

Website url:

Password:

Comment:

Website url: _____

Password: _____

Comment: _____

Website url: _____

Password: _____

Comment: _____

Website url: _____

Password: _____

Comment: _____

Website url: _____

Password: _____

Comment: _____

Website url: _____

Password: _____

Comment: _____

Website url: _____

Password: _____

Comment: _____

Website url: _____

Password: _____

Comment: _____

Website url: _____

Password: _____

Comment: _____

Website url: _____

Password: _____

Comment: _____

Website url: _____

Password: _____

Comment: _____

Website url: _____

Password: _____

Comment: _____

Website url: _____

Password: _____

Comment: _____

Website url: _____

Password: _____

Comment: _____

Website url: _____

Password: _____

Comment: _____

Website url: _____

Password: _____

Comment: _____

Website url: _____

Password: _____

Comment: _____

Website url: _____

Password: _____

Comment: _____

Website url: _____

Password: _____

Comment: _____

Website url: _____

Password: _____

Comment: _____

Website url: _____

Password: _____

Comment: _____

Website url: _____

Password: _____

Comment: _____

Website url: _____

Password: _____

Comment: _____

Website url: _____

Password: _____

Comment: _____

Website url: _____

Password: _____

Comment: _____

Website url: _____

Password: _____

Comment: _____

Website url: _____

Password: _____

Comment: _____

Website url: _____

Password: _____

Comment: _____

Website url: _____

Password: _____

Comment: _____

Website url:

Password:

Comment:

Website url:

Password:

Comment:

Website url:

Password:

Comment:

Website url:

Password:

Comment:

Website url:

Password:

Comment:

Website url:

Password:

Comment:

Website url:

Password:

Comment:

Website url: _____

Password: _____

Comment: _____

Website url: _____

Password: _____

Comment: _____

Website url: _____

Password: _____

Comment: _____

Website url: _____

Password: _____

Comment: _____

Website url: _____

Password: _____

Comment: _____

Website url: _____

Password: _____

Comment: _____

Website url: _____

Password: _____

Comment: _____

Website url:

Password:

Comment:

Website url:

Password:

Comment:

Website url:

Password:

Comment:

Website url:

Password:

Comment:

Website url:

Password:

Comment:

Website url:

Password:

Comment:

Website url:

Password:

Comment:

Website url: _____

Password: _____

Comment: _____

Website url: _____

Password: _____

Comment: _____

Website url: _____

Password: _____

Comment: _____

Website url: _____

Password: _____

Comment: _____

Website url: _____

Password: _____

Comment: _____

Website url: _____

Password: _____

Comment: _____

Website url:

Password:

Comment:

Website url:

Password:

Comment:

Website url:

Password:

Comment:

Website url:

Password:

Comment:

Website url:

Password:

Comment:

Website url:

Password:

Comment:

Website url:

Password:

Comment:

Website url: _____

Password: _____

Comment: _____

Website url: _____

Password: _____

Comment: _____

Website url: _____

Password: _____

Comment: _____

Website url: _____

Password: _____

Comment: _____

Website url: _____

Password: _____

Comment: _____

Website url: _____

Password: _____

Comment: _____

Website url: _____

Password: _____

Comment: _____

Website url: _____

Password: _____

Comment: _____

Website url: _____

Password: _____

Comment: _____

Website url: _____

Password: _____

Comment: _____

Website url: _____

Password: _____

Comment: _____

Website url: _____

Password: _____

Comment: _____

Website url: _____

Password: _____

Comment: _____

Website url: _____

Password: _____

Comment: _____

Website url: _____

Password: _____

Comment: _____

Website url: _____

Password: _____

Comment: _____

Website url: _____

Password: _____

Comment: _____

Website url: _____

Password: _____

Comment: _____

Website url: _____

Password: _____

Comment: _____

Website url: _____

Password: _____

Comment: _____

Website url: _____

Password: _____

Comment: _____

Website url: _____

Password: _____

Comment: _____

Website url: _____

Password: _____

Comment: _____

Website url: _____

Password: _____

Comment: _____

Website url: _____

Password: _____

Comment: _____

Website url: _____

Password: _____

Comment: _____

Website url: _____

Password: _____

Comment: _____

Website url: _____

Password: _____

Comment: _____

Website url: _____

Password: _____

Comment: _____

Website url: _____

Password: _____

Comment: _____

Website url: _____

Password: _____

Comment: _____

Website url: _____

Password: _____

Comment: _____

Website url: _____

Password: _____

Comment: _____

Website url: _____

Password: _____

Comment: _____

Website url: _____

Password: _____

Comment: _____

Website url:

Password:

Comment:

Website url:

Password:

Comment:

Website url:

Password:

Comment:

Website url:

Password:

Comment:

Website url:

Password:

Comment:

Website url:

Password:

Comment:

Website url:

Password:

Comment:

Website url: _____

Password: _____

Comment: _____

Website url: _____

Password: _____

Comment: _____

Website url: _____

Password: _____

Comment: _____

Website url: _____

Password: _____

Comment: _____

Website url: _____

Password: _____

Comment: _____

Website url: _____

Password: _____

Comment: _____

Website url: _____

Password: _____

Comment: _____

Website url:

Password:

Comment:

Website url:

Password:

Comment:

Website url:

Password:

Comment:

Website url:

Password:

Comment:

Website url:

Password:

Comment:

Website url:

Password:

Comment:

Website url:

Password:

Comment:

Website url: _____

Password: _____

Comment: _____

Website url: _____

Password: _____

Comment: _____

Website url: _____

Password: _____

Comment: _____

Website url: _____

Password: _____

Comment: _____

Website url: _____

Password: _____

Comment: _____

Website url: _____

Password: _____

Comment: _____

Website url: _____

Password: _____

Comment: _____

Website url: _____

Password: _____

Comment: _____

Website url: _____

Password: _____

Comment: _____

Website url: _____

Password: _____

Comment: _____

Website url: _____

Password: _____

Comment: _____

Website url: _____

Password: _____

Comment: _____

Website url: _____

Password: _____

Comment: _____

Website url: _____

Password: _____

Comment: _____

Website url: _____

Password: _____

Comment: _____

Website url: _____

Password: _____

Comment: _____

Website url: _____

Password: _____

Comment: _____

Website url: _____

Password: _____

Comment: _____

Website url: _____

Password: _____

Comment: _____

Website url: _____

Password: _____

Comment: _____

Website url: _____

Password: _____

Comment: _____

Website url: _____

Password: _____

Comment: _____

Website url: _____

Password: _____

Comment: _____

Website url: _____

Password: _____

Comment: _____

Website url: _____

Password: _____

Comment: _____

Website url: _____

Password: _____

Comment: _____

Website url: _____

Password: _____

Comment: _____

Website url: _____

Password: _____

Comment: _____

Website url: _____

Password: _____

Comment: _____

Website url: _____

Password: _____

Comment: _____

Website url: _____

Password: _____

Comment: _____

Website url: _____

Password: _____

Comment: _____

Website url: _____

Password: _____

Comment: _____

Website url: _____

Password: _____

Comment: _____

Website url: _____

Password: _____

Comment: _____

Website url:

Password:

Comment:

Website url:

Password:

Comment:

Website url:

Password:

Comment:

Website url:

Password:

Comment:

Website url:

Password:

Comment:

Website url:

Password:

Comment:

Website url:

Password:

Comment:

Website url: _____

Password: _____

Comment: _____

Website url: _____

Password: _____

Comment: _____

Website url: _____

Password: _____

Comment: _____

Website url: _____

Password: _____

Comment: _____

Website url: _____

Password: _____

Comment: _____

Website url: _____

Password: _____

Comment: _____

Website url: _____

Password: _____

Comment: _____

Website url: _____

Password: _____

Comment: _____

Website url: _____

Password: _____

Comment: _____

Website url: _____

Password: _____

Comment: _____

Website url: _____

Password: _____

Comment: _____

Website url: _____

Password: _____

Comment: _____

Website url: _____

Password: _____

Comment: _____

Website url: _____

Password: _____

Comment: _____

Website url: _____

Password: _____

Comment: _____

Website url: _____

Password: _____

Comment: _____

Website url: _____

Password: _____

Comment: _____

Website url: _____

Password: _____

Comment: _____

Website url: _____

Password: _____

Comment: _____

Website url: _____

Password: _____

Comment: _____

Website url: _____

Password: _____

Comment: _____

Website url: _____

Password: _____

Comment: _____

Website url: _____

Password: _____

Comment: _____

Website url: _____

Password: _____

Comment: _____

Website url: _____

Password: _____

Comment: _____

Website url: _____

Password: _____

Comment: _____

Website url: _____

Password: _____

Comment: _____

Website url: _____

Password: _____

Comment: _____

Website url:

Password:

Comment:

Website url:

Password:

Comment:

Website url:

Password:

Comment:

Website url:

Password:

Comment:

Website url:

Password:

Comment:

Website url:

Password:

Comment:

Website url:

Password:

Comment:

Website url: _____

Password: _____

Comment: _____

Website url: _____

Password: _____

Comment: _____

Website url: _____

Password: _____

Comment: _____

Website url: _____

Password: _____

Comment: _____

Website url: _____

Password: _____

Comment: _____

Website url: _____

Password: _____

Comment: _____

Website url: _____

Password: _____

Comment: _____

Website url: _____

Password: _____

Comment: _____

Website url: _____

Password: _____

Comment: _____

Website url: _____

Password: _____

Comment: _____

Website url: _____

Password: _____

Comment: _____

Website url: _____

Password: _____

Comment: _____

Website url: _____

Password: _____

Comment: _____

Website url: _____

Password: _____

Comment: _____

Website url: _____

Password: _____

Comment: _____

Website url: _____

Password: _____

Comment: _____

Website url: _____

Password: _____

Comment: _____

Website url: _____

Password: _____

Comment: _____

Website url: _____

Password: _____

Comment: _____

Website url: _____

Password: _____

Comment: _____

Website url: _____

Password: _____

Comment: _____

Website url: _____

Password: _____

Comment: _____

Website url: _____

Password: _____

Comment: _____

Website url: _____

Password: _____

Comment: _____

Website url: _____

Password: _____

Comment: _____

Website url: _____

Password: _____

Comment: _____

Website url: _____

Password: _____

Comment: _____

Website url: _____

Password: _____

Comment: _____

Website url: _____

Password: _____

Comment: _____

Website url: _____

Password: _____

Comment: _____

Website url: _____

Password: _____

Comment: _____

Website url: _____

Password: _____

Comment: _____

Website url: _____

Password: _____

Comment: _____

Website url: _____

Password: _____

Comment: _____

Website url: _____

Password: _____

Comment: _____

Website url: _____

Password: _____

Comment: _____

Website url: _____

Password: _____

Comment: _____

Website url: _____

Password: _____

Comment: _____

Website url: _____

Password: _____

Comment: _____

Website url: _____

Password: _____

Comment: _____

Website url: _____

Password: _____

Comment: _____

Website url: _____

Password: _____

Comment: _____

Website url: _____

Password: _____

Comment: _____

Website url: _____

Password: _____

Comment: _____

Website url: _____

Password: _____

Comment: _____

Website url: _____

Password: _____

Comment: _____

Website url: _____

Password: _____

Comment: _____

Website url: _____

Password: _____

Comment: _____

Website url: _____

Password: _____

Comment: _____

Website url: _____

Password: _____

Comment: _____

Website url: _____

Password: _____

Comment: _____

Website url: _____

Password: _____

Comment: _____

Website url: _____

Password: _____

Comment: _____

Website url: _____

Password: _____

Comment: _____

Website url: _____

Password: _____

Comment: _____

Website url: _____

Password: _____

Comment: _____

Website url: _____

Password: _____

Comment: _____

Website url: _____

Password: _____

Comment: _____

Website url: _____

Password: _____

Comment: _____

Website url: _____

Password: _____

Comment: _____

Website url: _____

Password: _____

Comment: _____

Website url: _____

Password: _____

Comment: _____

Website url: _____

Password: _____

Comment: _____

Website url: _____

Password: _____

Comment: _____

Website url: _____

Password: _____

Comment: _____

Website url: _____

Password: _____

Comment: _____

Website url: _____

Password: _____

Comment: _____

Website url: _____

Password: _____

Comment: _____

Website url: _____

Password: _____

Comment: _____

Website url: _____

Password: _____

Comment: _____

Website url:

Password:

Comment:

Website url:

Password:

Comment:

Website url:

Password:

Comment:

Website url:

Password:

Comment:

Website url:

Password:

Comment:

Website url:

Password:

Comment:

Website url:

Password:

Comment:

Website url: _____

Password: _____

Comment: _____

Website url: _____

Password: _____

Comment: _____

Website url: _____

Password: _____

Comment: _____

Website url: _____

Password: _____

Comment: _____

Website url: _____

Password: _____

Comment: _____

Website url: _____

Password: _____

Comment: _____

Website url: _____

Password: _____

Comment: _____

Website url:

Password:

Comment:

Website url:

Password:

Comment:

Website url:

Password:

Comment:

Website url:

Password:

Comment:

Website url:

Password:

Comment:

Website url:

Password:

Comment:

Website url:

Password:

Comment:

Website url: _____

Password: _____

Comment: _____

Website url: _____

Password: _____

Comment: _____

Website url: _____

Password: _____

Comment: _____

Website url: _____

Password: _____

Comment: _____

Website url: _____

Password: _____

Comment: _____

Website url: _____

Password: _____

Comment: _____

Website url: _____

Password: _____

Comment: _____

Website url:

Password:

Comment:

Website url:

Password:

Comment:

Website url:

Password:

Comment:

Website url:

Password:

Comment:

Website url:

Password:

Comment:

Website url:

Password:

Comment:

Website url:

Password:

Comment:

Website url: _____

Password: _____

Comment: _____

Website url: _____

Password: _____

Comment: _____

Website url: _____

Password: _____

Comment: _____

Website url: _____

Password: _____

Comment: _____

Website url: _____

Password: _____

Comment: _____

Website url: _____

Password: _____

Comment: _____

Website url: _____

Password: _____

Comment: _____

Website url:

Password:

Comment:

Website url:

Password:

Comment:

Website url:

Password:

Comment:

Website url:

Password:

Comment:

Website url:

Password:

Comment:

Website url:

Password:

Comment:

Website url:

Password:

Comment:

Website url: _____

Password: _____

Comment: _____

Website url: _____

Password: _____

Comment: _____

Website url: _____

Password: _____

Comment: _____

Website url: _____

Password: _____

Comment: _____

Website url: _____

Password: _____

Comment: _____

Website url: _____

Password: _____

Comment: _____

Website url: _____

Password: _____

Comment: _____

Website url: _____

Password: _____

Comment: _____

Website url: _____

Password: _____

Comment: _____

Website url: _____

Password: _____

Comment: _____

Website url: _____

Password: _____

Comment: _____

Website url: _____

Password: _____

Comment: _____

Website url: _____

Password: _____

Comment: _____

Website url: _____

Password: _____

Comment: _____

Website url: _____

Password: _____

Comment: _____

Website url: _____

Password: _____

Comment: _____

Website url: _____

Password: _____

Comment: _____

Website url: _____

Password: _____

Comment: _____

Website url: _____

Password: _____

Comment: _____

Website url: _____

Password: _____

Comment: _____

Website url: _____

Password: _____

Comment: _____

Website url: _____

Password: _____

Comment: _____

Website url: _____

Password: _____

Comment: _____

Website url: _____

Password: _____

Comment: _____

Website url: _____

Password: _____

Comment: _____

Website url: _____

Password: _____

Comment: _____

Website url: _____

Password: _____

Comment: _____

Website url: _____

Password: _____

Comment: _____

Website url: _____

Password: _____

Comment: _____

Website url: _____

Password: _____

Comment: _____

Website url: _____

Password: _____

Comment: _____

Website url: _____

Password: _____

Comment: _____

Website url: _____

Password: _____

Comment: _____

Website url: _____

Password: _____

Comment: _____

Website url: _____

Password: _____

Comment: _____

Website url: _____

Password: _____

Comment: _____

Website url: _____

Password: _____

Comment: _____

Website url: _____

Password: _____

Comment: _____

Website url: _____

Password: _____

Comment: _____

Website url: _____

Password: _____

Comment: _____

Website url: _____

Password: _____

Comment: _____

Website url:

Password:

Comment:

Website url:

Password:

Comment:

Website url:

Password:

Comment:

Website url:

Password:

Comment:

Website url:

Password:

Comment:

Website url:

Password:

Comment:

Website url:

Password:

Comment:

Website url:

Password:

Comment:

Website url:

Password:

Comment:

Website url:

Password:

Comment:

Website url:

Password:

Comment:

Website url:

Password:

Comment:

Website url:

Password:

Comment:

Website url:

Password:

Comment:

Website url: _____

Password: _____

Comment: _____

Website url: _____

Password: _____

Comment: _____

Website url: _____

Password: _____

Comment: _____

Website url: _____

Password: _____

Comment: _____

Website url: _____

Password: _____

Comment: _____

Website url: _____

Password: _____

Comment: _____

Website url: _____

Password: _____

Comment: _____

Website url: _____

Password: _____

Comment: _____

Website url: _____

Password: _____

Comment: _____

Website url: _____

Password: _____

Comment: _____

Website url: _____

Password: _____

Comment: _____

Website url: _____

Password: _____

Comment: _____

Website url: _____

Password: _____

Comment: _____

Website url: _____

Password: _____

Comment: _____

Website url: _____

Password: _____

Comment: _____

Website url: _____

Password: _____

Comment: _____

Website url: _____

Password: _____

Comment: _____

Website url: _____

Password: _____

Comment: _____

Website url: _____

Password: _____

Comment: _____

Website url: _____

Password: _____

Comment: _____

Website url: _____

Password: _____

Comment: _____

Website url: _____

Password: _____

Comment: _____

Website url: _____

Password: _____

Comment: _____

Website url: _____

Password: _____

Comment: _____

Website url: _____

Password: _____

Comment: _____

Website url: _____

Password: _____

Comment: _____

Website url: _____

Password: _____

Comment: _____

Website url: _____

Password: _____

Comment: _____

Website url: _____

Password: _____

Comment: _____

Website url: _____

Password: _____

Comment: _____

Website url: _____

Password: _____

Comment: _____

Website url: _____

Password: _____

Comment: _____

Website url: _____

Password: _____

Comment: _____

Website url: _____

Password: _____

Comment: _____

Website url: _____

Password: _____

Comment: _____

Website url: _____

Password: _____

Comment: _____

Website url: _____

Password: _____

Comment: _____

Website url: _____

Password: _____

Comment: _____

Website url: _____

Password: _____

Comment: _____

Website url: _____

Password: _____

Comment: _____

Website url: _____

Password: _____

Comment: _____

Website url: _____

Password: _____

Comment: _____

Website url: _____

Password: _____

Comment: _____

Website url: _____

Password: _____

Comment: _____

Website url: _____

Password: _____

Comment: _____

Website url: _____

Password: _____

Comment: _____

Website url: _____

Password: _____

Comment: _____

Website url: _____

Password: _____

Comment: _____

Website url: _____

Password: _____

Comment: _____

Website url: _____

Password: _____

Comment: _____

Website url: _____

Password: _____

Comment: _____

Website url: _____

Password: _____

Comment: _____

Website url: _____

Password: _____

Comment: _____

Website url: _____

Password: _____

Comment: _____

Website url: _____

Password: _____

Comment: _____

Website url: _____

Password: _____

Comment: _____

Website url:

Password:

Comment:

Website url:

Password:

Comment:

Website url:

Password:

Comment:

Website url:

Password:

Comment:

Website url:

Password:

Comment:

Website url:

Password:

Comment:

Website url:

Password:

Comment:

www.ingramcontent.com/pod-product-compliance
Lightning Source LLC
Chambersburg PA
CBHW060946050326
40689CB00012B/2570